AF269547

ARTISTAS, ESCRITORAS Y ACTRICES QUE HAN HECHO HISTORIA

CREATIVAS

Shackleton kids

Índice

l libro que tienes en tus manos habla de escritoras, pintoras, bailarinas, diseñadoras, actrices, cantantes... de mujeres artistas que asombraron al mundo con su talento. En estas páginas encontrarás a la autora que ha escrito la serie de libros más vendidos de la historia; la magnífica actriz que, en sus ratos libres, inventó un sistema de comunicación secreta; la bailarina que revolucionó el mundo de la danza. Gracias a su inteligencia, su tesón y su tenacidad demostraron a todos que eran geniales. Y lo más mágico de todo es que cada una de ellas, sin excepción, marcó un antes y un después en su época.

Sin embargo, muchas de ellas fueron olvidadas por la historia y es por ello por lo que las recuperamos en este libro. Porque, aunque seguramente a algunas las conoces bien, a otras a lo mejor no tanto, pero de lo que no cabe duda es de que todas estas mujeres han sido, son y serán una inspiración para cualquiera que desee seguir sus pasos.

CREATIVAS

Artemisia Gentileschi
1593

Mary Shelley
1797

Isadora Duncan
1877

Virginia Woolf
1882

Georgia O'Keeffe
1887

ANTES

Jane Austen
1775

Beatrix Potter
1866

Anna Pavlova
1881

Coco Chanel
1883

Frida Kahlo
1907

Simone de Beauvoir
1908

Ella Fitzgerald
1917

Nadine Gordimer
1923

Y LA PRÓXIMA...
¡PUEDES
SER TÚ!

Agatha Christie
1890

Astrid Lindgren
1907

Hedy Lamarr
1914

Maria Callas
1923

J.K. Rowling
1965

ARTEMISIA GENTILESCHI

La primera mujer pintora de la historia

ENSÉÑAME A PINTAR

Artemisia Gentileschi nació en Roma, en una época en que la ciudad estaba repleta de artistas. Su padre, llamado Orazio, era un gran pintor. Siendo todavía una niña, Artemisia empezó a interesarse por la pintura, y, por suerte, su padre le abrió las puertas de su taller. Al principio, la pequeña solo hacía de modelo, pero poco a poco Orazio le fue dejando que experimentara con las pinturas, los pinceles y las telas.

¡QUE NADIE TE VEA!

Cuando Artemisia tenía 12 años, su madre murió. A partir de aquel momento, la pequeña y su padre se hicieron inseparables, y él puso todo su empeño en enseñarle a pintar. En la Italia de aquella época dominaba el Barroco, un estilo que buscaba el realismo y que jugaba con los efectos de la luz. De la mano de Orazio, Artemisia aprendió los secretos de los colores y del trazo. Pero como estaba mal visto que las chicas fueran pintoras, muchas veces tenían que trabajar a escondidas.

UNA PIONERA

Con mucho trabajo y esfuerzo, Artemisia se convirtió en una gran pintora. Se mudó a Florencia y logró entrar en la Academia de Arte, fue la primera mujer de la historia en hacerlo. Además, el duque de Médici, gobernador de la ciudad y gran amante del arte, la admitió en su corte, donde grandes señores, así como artistas y damas, visitaban su taller. A Artemisia le gustaba especialmente pintar mujeres, y sobre todo a la Virgen María con el niño Jesús.

¡BRAVO, ARTEMISIA!

Por fin había logrado convertirse en una célebre pintora y todos los artistas de la época querían conocer su opinión y admirar de cerca su obra. Más adelante regresó a Roma, donde fue recibida como la gran artista que era. Sin embargo, echaba de menos a su padre, que se había mudado a Londres para servir en la corte del rey Carlos I. Así que viajó hasta allí y estuvieron un tiempo trabajando juntos, como cuando ella era pequeña.

1593	1605	1610	1613	1630
Nace Artemisia Gentileschi en Roma, Italia.	Su madre muere.	Pinta *Susana y los viejos*, su primera obra.	Se muda a Florencia.	Se traslada a Nápoles.

UN ESTILO ÚNICO

Cuando su querido padre murió, Artemisia regresó a Nápoles, donde formó una familia y siguió pintando hasta su muerte. En la actualidad, Artemisia Gentileschi es recordada como una de las grandes artistas de su época, y sus pinturas están consideradas obras maestras del Barroco. En sus cuadros destacan sobre todo los personajes femeninos, que poseen una gran fuerza y realismo. Creó su propio estilo y supo luchar por defender su pasión.

«Mientras viva, tendré control sobre mi propio ser.»

Artemisia Gentileschi

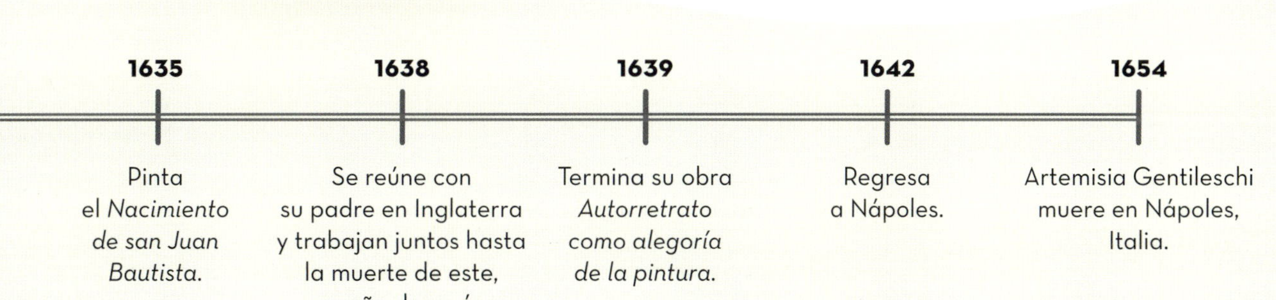

1635	1638	1639	1642	1654
Pinta el *Nacimiento de san Juan Bautista*.	Se reúne con su padre en Inglaterra y trabajan juntos hasta la muerte de este, un año después.	Termina su obra *Autorretrato como alegoría de la pintura*.	Regresa a Nápoles.	Artemisia Gentileschi muere en Nápoles, Italia.

JANE AUSTEN

La autora que escribía novelas
llenas de sentido y sensibilidad

NACIMIENTO
1775
Steventon (Inglaterra)

MUERTE
1817
Winchester (Inglaterra)

GRAN OBRA
Orgullo y prejuicio

¡JUGUEMOS!

Jane Austen tuvo una infancia muy feliz. Vivía en una bonita casa de campo junto con sus padres y sus siete hermanos, así que la diversión estaba asegurada. Su madre quería que ella y su única hermana, Cassandra, aprendieran a coser, a tocar el piano y a cantar, pero a Jane todo eso le aburría. Le interesaban mucho más los libros. Por suerte, su padre le permitía entrar a escondidas en su inmensa biblioteca, donde Jane pasaba las horas leyendo y soñando con los personajes de las historias que leía.

NO QUIERO BAILAR

En aquella época, las chicas de su edad soñaban con ir a los bailes, conocer a chicos y enamorarse, pero Jane era muy tímida y tenía otros intereses. Iba a esas fiestas solo para observar bien de cerca cómo se comportaba la gente. Tomaba nota de todo, y luego lo usaba para escribir las historias con las que, desde los 12 años, llenaba sus cuadernos. Sabía que cualquier detalle podía ser una fuente de inspiración para un buen cuento.

¡A POR TODAS!

Aunque en aquella época no había mujeres escritoras, los padres de Jane y su hermana Cassandra le dieron todo su apoyo. Su padre logró que Jane pudiera leer sus historias en importantes salones de lectura, donde se reunían personas interesadas en la literatura y comentaban juntos cuentos y novelas. Las lecturas de Jane siempre gustaban muchísimo.

UN ADMIRADOR MUY ESPECIAL

Sin embargo, los editores rechazaban sus libros porque no confiaban en que una mujer supiera escribir bien. ¡Qué absurdo! Gracias a la ayuda de uno de sus hermanos, logró encontrar a alguien dispuesto a publicar sus obras, aunque no pudo firmarlas con su nombre. Por suerte, sus fans de los clubs de lectura sabían que ella era la autora y su fama subió como la espuma. Incluso el príncipe de Inglaterra, el futuro rey Jorge IV, le pidió que le dedicara una de sus novelas. ¡Jane no podía creérselo!

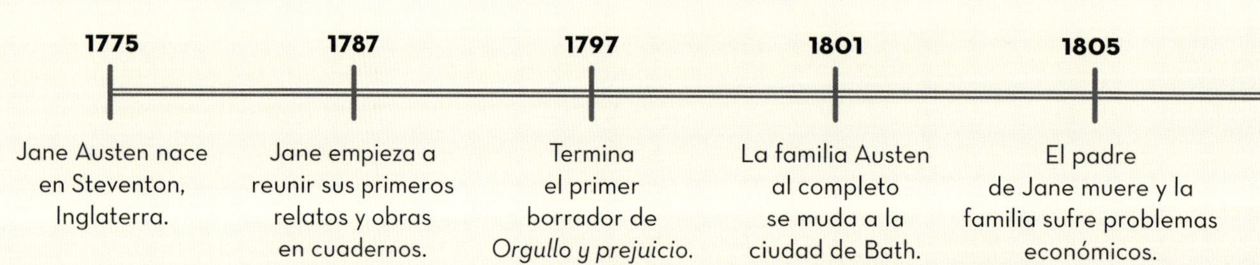

1775	1787	1797	1801	1805
Jane Austen nace en Steventon, Inglaterra.	Jane empieza a reunir sus primeros relatos y obras en cuadernos.	Termina el primer borrador de *Orgullo y prejuicio*.	La familia Austen al completo se muda a la ciudad de Bath.	El padre de Jane muere y la familia sufre problemas económicos.

Sentido y sensibilidad fue la primera novela que publicó, y enseguida se convirtió en un éxito. Sin embargo, su obra más aclamada fue *Orgullo y prejuicio*, en la que se relata la historia de amor entre la joven Elizabeth Bennet y el señor Darcy. A los lectores les gustaba lo que Jane Austen contaba, pero también su sentido del humor y la manera en que describía a la gente y las costumbres de la época.

«Mi idea de buena compañía es la compañía de gente inteligente, bien informada, que tiene una gran conversación; eso es lo que yo llamo buena compañía.»

Jane Austen

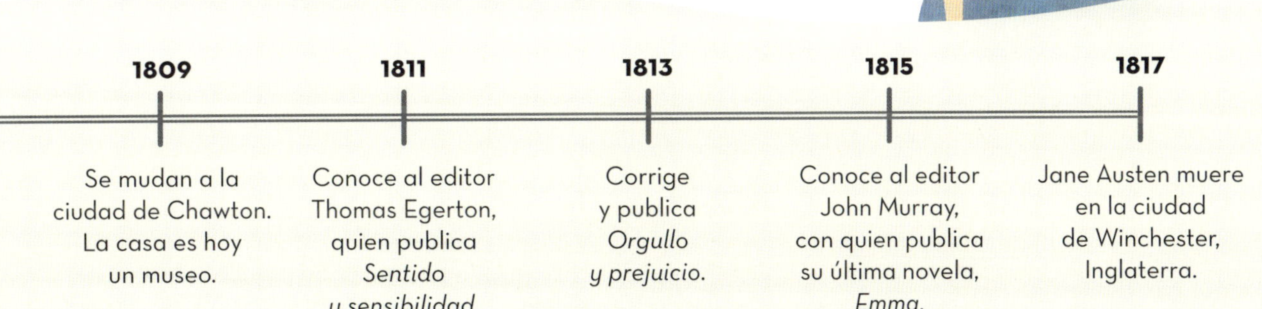

1809	1811	1813	1815	1817
Se mudan a la ciudad de Chawton. La casa es hoy un museo.	Conoce al editor Thomas Egerton, quien publica *Sentido y sensibilidad*.	Corrige y publica *Orgullo y prejuicio*.	Conoce al editor John Murray, con quien publica su última novela, *Emma*.	Jane Austen muere en la ciudad de Winchester, Inglaterra.

MARY SHELLEY

La escritora que creó un monstruo con corazón

NACIMIENTO
1797
Londres (Reino Unido)

MUERTE
1851
Londres (Reino Unido)

GRAN OBRA
Frankenstein

UNA INFANCIA TRISTE

Mary Wollstonecraft Godwin, más conocida como Mary Shelley, nació en Londres, en una familia que sentía una gran pasión por la cultura. Su padre era escritor y filósofo, igual que su madre, que había escrito un libro transgresor y valiente sobre los derechos de las mujeres. Por desgracia murió cuando ella era todavía una niña. Aunque tiempo después su padre volvió a casarse, Mary no olvidó jamás a su madre.

¿LEEMOS JUNTOS?

Creció rodeada de libros y conoció a muchos intelectuales que acudían a su casa para visitar a su padre. Un día se fijó en uno de ellos, el joven poeta romántico Percy B. Shelley. Resultó que el chico también se había fijado en Mary, y ambos se enamoraron. Tenían muchas cosas en común, pero sobre todo les unía su pasión por la literatura, y juntos viajaron por países como Francia, Suiza, Alemania y Holanda.

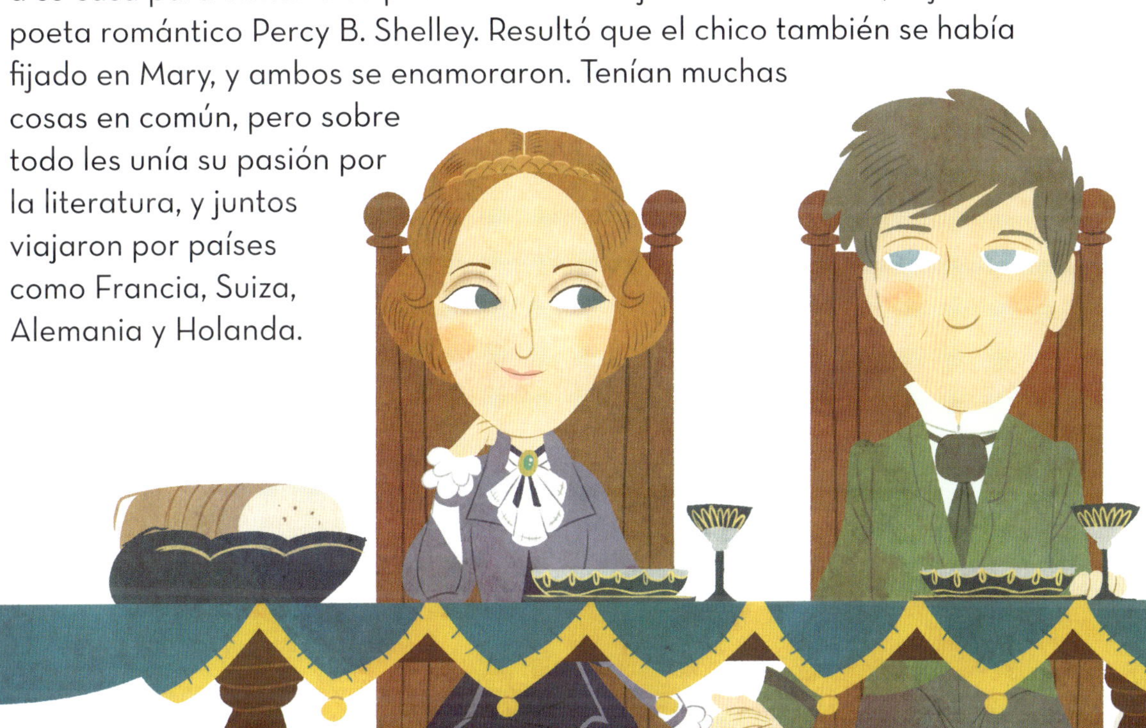

UN VERANO MONSTRUOSO

En el verano de 1816, el famoso poeta Lord Byron invitó a Mary y a Percy a su casa, una enorme mansión situada a orillas del lago Lemán, en Suiza. Aquel año, el verano fue frío y lluvioso, y nuestros amigos se vieron obligados a pasar muchas horas encerrados en la mansión. Para entretenerse, su anfitrión propuso que cada uno escribiera el relato más terrorífico que se le ocurriera. Mary se imaginó a un monstruo creado por un hombre, el doctor Frankenstein.

UN MUERTO VIVIENTE

Frankenstein se publicó por primera vez en 1818, pero apareció sin el nombre de su autora, porque por aquel entonces nadie pensaba que una mujer pudiera escribir bien. Qué tontería, ¿verdad? Sin embargo, tuvo un éxito arrollador, y años más tarde se volvió a publicar, ya con el nombre de Mary Shelley en la portada. En poco tiempo, Mary se convirtió en una escritora admirada y respetada, algo que en su época no era nada corriente.

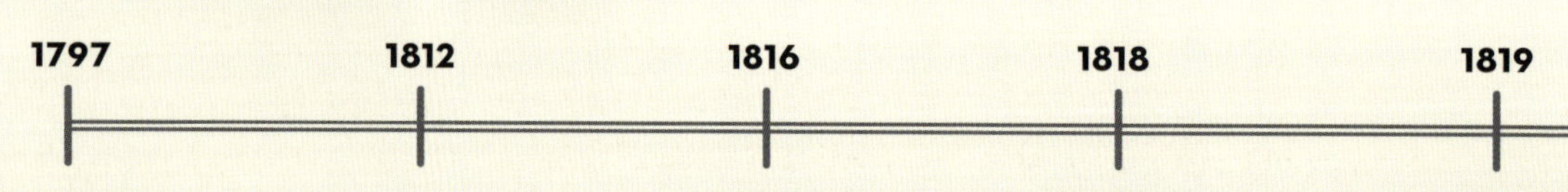

1797	1812	1816	1818	1819
Mary Shelley nace en Londres, Reino Unido.	Se traslada a Escocia, donde vive durante un tiempo con los Baxter.	Se le ocurre la idea de *Frankenstein* en Villa Diodati (Suiza).	Se publica su novela *Frankenstein o el moderno Prometeo*.	Nace en Italia Percy Florence, el único hijo de Mary Shelley que sobrevivió.

LA CIENCIA FICCIÓN

Sin embargo, el éxito de Mary fue amargo, porque en los años siguientes murieron tres de sus hijos y también su amado Percy. Por suerte, se quedó con el amor y el apoyo de su hijo Percy Florence, y su pasión por escribir. Con *Frankenstein*, Mary Shelley hizo popular el género de la ciencia ficción, es decir, historias de aventuras imaginarias basadas en avances científicos del futuro. Aquel monstruo surgido de su mente es todavía un personaje famoso en todo el mundo, que ha protagonizado películas, obras de teatro y cómics.

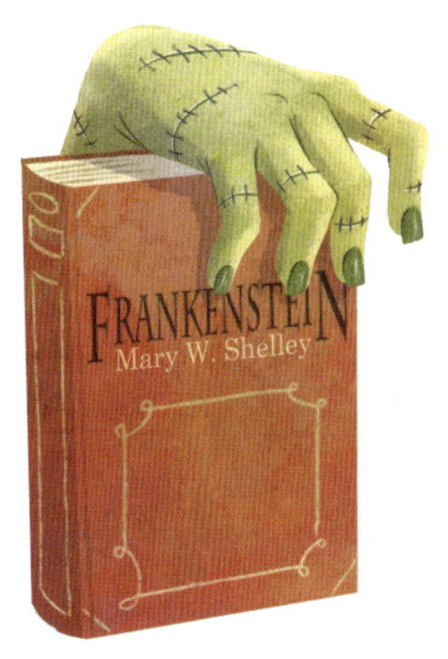

«No deseo que las mujeres tengan más poder que los hombres, sino que tengan más poder sobre sí mismas.»

Mary Shelley

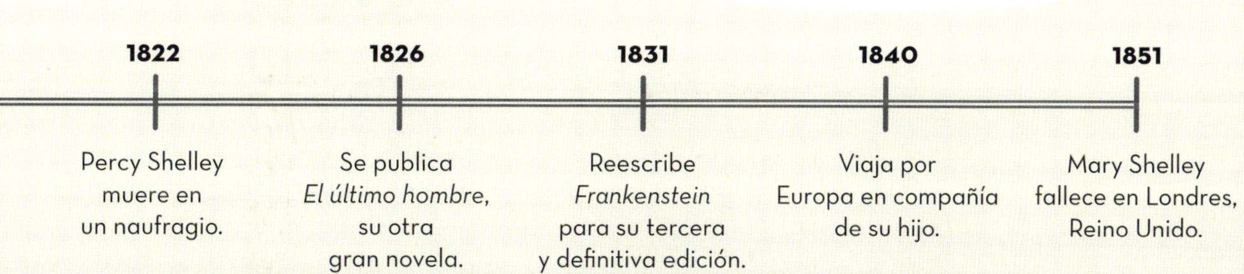

1822	1826	1831	1840	1851
Percy Shelley muere en un naufragio.	Se publica *El último hombre*, su otra gran novela.	Reescribe *Frankenstein* para su tercera y definitiva edición.	Viaja por Europa en compañía de su hijo.	Mary Shelley fallece en Londres, Reino Unido.

BEATRIX POTTER

La creadora de Peter Rabbit

NACIMIENTO
1866
Londres (Reino Unido)

MUERTE
1943
Lancashire (Reino Unido)

GRAN OBRA
*El cuento de Perico,
el conejo travieso*

VIDA DE GRANJERA

Beatrix Potter nació en Londres en una familia acomodada.
Le encantaban los animales, y en casa tenía ranas, hámsteres,
un conejo llamado Benjamin e incluso un murciélago. En
Londres no se veían muchas bestias salvajes, pero los padres
de Beatrix tenían también una casa de campo en Escocia,
donde correteaba al aire libre con su hermano entre los
animales y las plantas que había en los alrededores.

¿DIBUJAMOS?

A nuestra amiga le gustaba mucho observar y conocer
las distintas especies de animales y plantas. Y lo que más
le llamaba la atención eran los hongos, así que se puso
a estudiarlos y al cabo de un tiempo resultó ser toda una
experta. Beatrix también sintió otra pasión: los
dibujos infantiles. Eligió como modelos a sus
queridas mascotas y también
a su conejo de entonces,
llamado Peter, y empezó a
pintarlos corriendo, comiendo,
escondiéndose...

PETER RABBIT

Los dibujos de Beatrix gustaron bastante, e incluso la contrataron para ilustrar algunos libros de otros escritores. Pero ella sentía que podía escribir sus propias historias. El empujón definitivo para hacerlo le vino de la mano de su querida niñera Annie. Beatrix y Annie mantuvieron correspondencia durante muchos años, y un día, Annie le contó que su hijo Noel debía guardar cama durante largas temporadas a causa de una enfermedad. Para entretenerlo, Beatrix empezó a enviarle cuentos protagonizados por el conejo Peter Rabbit y su familia.

¡UN AUTÓGRAFO, POR FAVOR!

¿Adivinas qué sucedió? Seguro que lo has acertado: las historias de Peter Rabbit se publicaron y fueron un éxito. Beatrix escribió y dibujó muchas otras en las que diversos animalillos vivían aventuras en el bosque. Además de por sus bonitos dibujos, los cuentos de Beatrix destacaban porque mostraban a los protagonistas como seres inteligentes y con emociones, y las historias de aquellos animales parlantes entusiasmaron a niños y adultos.

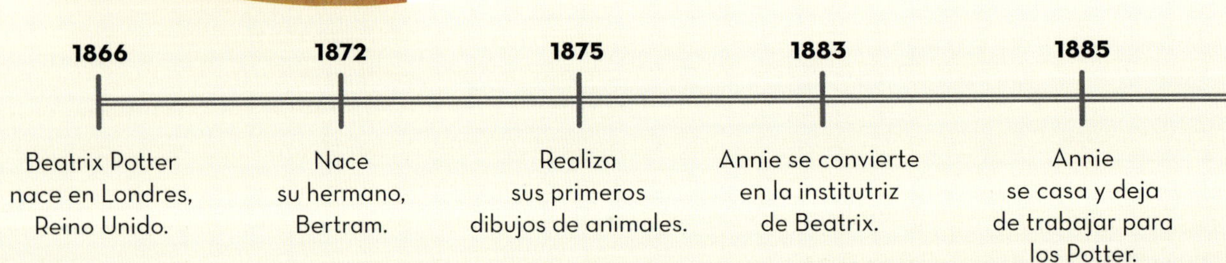

1866	1872	1875	1883	1885
Beatrix Potter nace en Londres, Reino Unido.	Nace su hermano, Bertram.	Realiza sus primeros dibujos de animales.	Annie se convierte en la institutriz de Beatrix.	Annie se casa y deja de trabajar para los Potter.

SU PROPIA GRANJA

Las historias de Beatrix se tradujeron a treinta y cinco lenguas diferentes,
y las leyeron en todo el mundo. Su personaje más conocido fue Peter Rabbit,
aunque dio vida a otros muchos. Beatrix Potter se convirtió en una persona muy
famosa y también muy rica, y decidió emplear su dinero para proteger
la naturaleza. Además, se compró una granja y vivió rodeada
de animales hasta el día de su muerte. Después, todas sus
tierras fueron donadas a una organización encargada
de preservar el medio natural del norte de
Inglaterra.

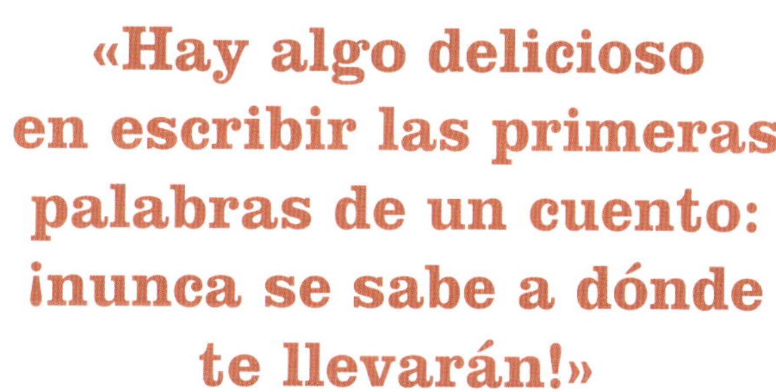

> **«Hay algo delicioso
> en escribir las primeras
> palabras de un cuento:
> ¡nunca se sabe a dónde
> te llevarán!»**
>
> Beatrix Potter

1887	1889	1893	1901	1943
Empieza a dibujar hongos. Se convertiría en una gran experta.	Elabora felicitaciones de Navidad en las que aparece su mascota Benjamin.	Le escribe cuentos a Noel, el hijo de Annie.	Publica la historia de Peter Rabbit por su cuenta y con la que se hace famosa.	Beatrix Potter muere en su granja de Lancashire en Reino Unido.

ISADORA DUNCAN

La bailarina que revolucionó el arte de la danza

OLA VIENE, OLA VA

Isadora Duncan era la menor de cuatro hermanos que, desde pequeños, aprendieron a amar la música, porque su madre daba clases de piano. Cuando la pequeña Isadora escuchaba a su madre tocar, le ocurría algo especial: sentía el impulso de expresarse con el cuerpo al ritmo de las notas, así que muy pronto empezó a bailar. Le encantaba hacerlo imitando el vaivén de las olas o el movimiento de las hojas de los árboles. ¿Te animas?

¡FUERA TUTÚ!

Con 12 años se apuntó a clases de *ballet* clásico, pero enseguida se dio cuenta de que aquello no era para ella, pues a Isadora le gustaba bailar con total libertad. Así que dejó los estudios y decidió danzar a su manera, cambiando el tutú por una túnica ligera y sin zapatillas de ballet. Sus primeras actuaciones no tuvieron el éxito esperado, pero ella no se dio por vencida: probaría suerte en Europa. Viajó a Inglaterra acompañada de su madre y de su hermana Elizabeth. ¡Ellas sí creían en el talento de Isadora!

COMO UNA GRIEGA

En Londres, Isadora visitó el Museo Británico y observó unas pinturas de la Antigua Grecia en las que aparecían bailarinas. Le gustó tanto la expresión de aquellas danzarinas, con la cabeza echada hacia atrás, que la incorporó a su propio estilo. En poco tiempo, empezó a cosechar éxitos y la contrataron en teatros importantes de París, Budapest y otras capitales europeas. Su forma revolucionaria de bailar despertaba pasiones allí donde iba. Por fin había logrado su sueño.

LAS ISADORABLES

Su estilo de danza gustaba tanto que incluso había niñas que querían aprenderlo, así que Isadora abrió para ellas una academia en Alemania. Mientras su hermana Elizabeth daba clases, ella siguió bailando por todas las ciudades donde la reclamaban. No dejó de hacerlo ni siquiera cuando se quedó embarazada. Tuvo dos hijos, Deirdre y Patrick. Y, además, adoptó a seis bailarinas de su escuela, que la acompañaban en sus actuaciones, y que acabarían siendo conocidas como «las isadorables».

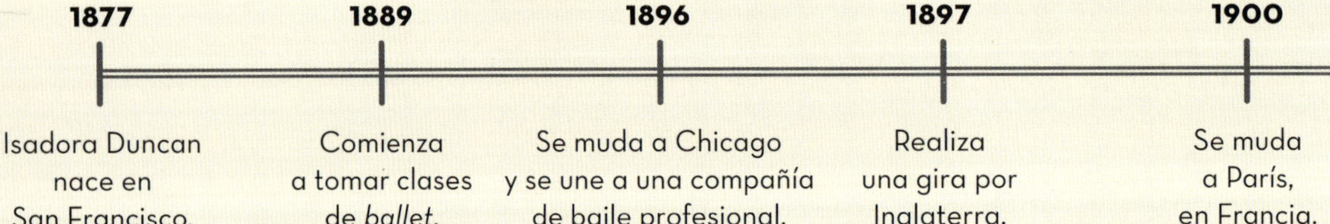

1877	1889	1896	1897	1900
Isadora Duncan nace en San Francisco, Estados Unidos.	Comienza a tomar clases de *ballet*.	Se muda a Chicago y se une a una compañía de baile profesional.	Realiza una gira por Inglaterra.	Se muda a París, en Francia.

UN FINAL TRÁGICO

La vida de Isadora Duncan también estuvo marcada por el infortunio. Sus dos hijos murieron, siendo aún pequeños, en un terrible accidente de coche, y ella nunca logró recuperarse de este duro golpe. Se retiró a Niza, en la costa francesa, y allí escribió un libro sobre su vida. También empezó otro en el que explicaba los fundamentos de su danza, pero antes de terminarlo murió en un accidente de tráfico. Tenía solo 50 años, pero ya había pasado a la historia como una de las grandes bailarinas de todos los tiempos y como la creadora de la danza moderna.

«No, no puedo explicarte la danza; si pudiera decirte lo que quiere decir, no habría ninguna razón para bailarla.»

Isadora Duncan

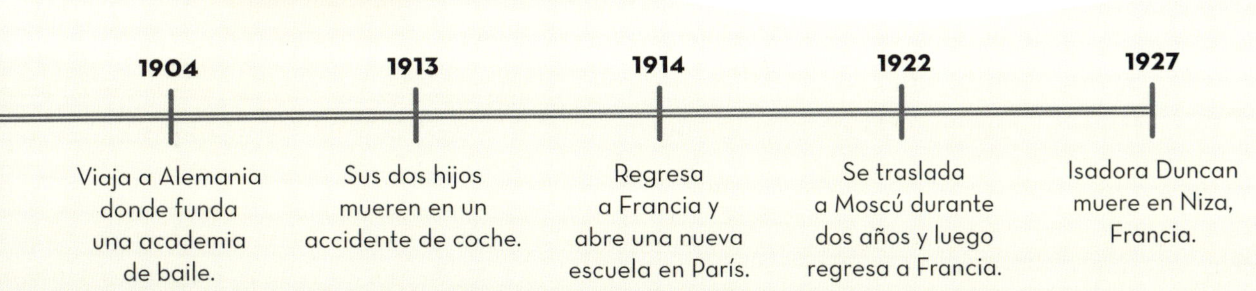

ANNA PAVLOVA

La chica que bailaba con el corazón

PIES EN PUNTA, BRAZOS ARRIBA

Anna Pavlova nació en San Petersburgo, una bonita ciudad rusa. Su madre era lavandera y, cuando vio que la pequeña sentía auténtica pasión por el *ballet*, reunió unos ahorros y la llevó a ver *La bella durmiente*. Anna se quedó tan impresionada que decidió que sería bailarina y para lograrlo se presentó a las pruebas de la Escuela Imperial de Ballet, la mejor de Rusia. Su sueño empezaba a tomar forma.

BAILAR CON EL CORAZÓN

Los años en la escuela de danza no fueron fáciles. Anna tenía un cuerpo delgaducho y unos pies con mucho arco. Parecía que todo estaba en su contra, pero, en lugar de rendirse, la pequeña se esforzó el doble, y logró graduarse con la máxima nota. Se incorporó a la compañía del Teatro Mariinski, la más importante de Rusia, y al cabo de un tiempo ya era la primera bailarina del *ballet*. Sus actuaciones eran siempre muy aplaudidas: tenía una técnica perfecta y, además, al bailar transmitía las emociones que sentía.

ZAPATILLAS CON PUNTA

Un día, un famoso coreógrafo llamado Michel Fokine le pidió que bailara una pieza que había compuesto especialmente para ella. Se titulaba *La muerte del cisne* y, en cuanto la escuchó, Anna se enamoró de aquella música. El día del estreno fue un éxito clamoroso. Anna lograba emocionar al público allá donde iba y se hizo famosa en toda Europa. Sus dos aportaciones al mundo del ballet fueron: interpretar mientras bailaba, y utilizar zapatillas de punta modernas, que inventó ella misma.

UN CISNE EN EL ESCENARIO

Al cabo de los años, Anna se casó y se fue a vivir a Londres, donde compró una bonita mansión, a la que llamó Ivy House. Creó su propia compañía, la compañía Pavlova, y viajó por todo el mundo mostrando su talento. Aunque durante su vida interpretó muchos papeles, el del cisne estuvo siempre asociado a su persona. Lo hacía tan bien que cuando bailaba, el público no veía a una mujer sobre el escenario, sino a un bello animal.

1881	1889	1891	1899	1905
Anna Pavlova nace en San Petersburgo, Rusia.	Ve por primera vez un *ballet*.	Entra en la Escuela de Ballet Imperial de San Petersburgo.	Consigue el diploma y empieza su carrera como bailarina.	Estrena su número más famoso, *La muerte del cisne*, coreografiado para ella por Michel Fokine.

¡UN APLAUSO PARA ANNA!

Sin embargo, a la edad de 49 años Anna Pavlova
cayó enferma. Estaba a punto de comenzar una
nueva gira, pero su médico le prohibió bailar.
Su estado empeoró y murió al poco
tiempo, abrazada a su vestido de cisne.
Al día siguiente de su fallecimiento, su
compañía representó *La muerte del cisne*
haciendo que un haz de luz iluminase los espacios
en los que debería haber bailado ella. Fue un
bello homenaje a una bailarina que cambió para
siempre el mundo de la danza, dotándolo
de sentimientos.

**«Dios da el talento.
El trabajo transforma
el talento en genio.»**

Anna Pavlova

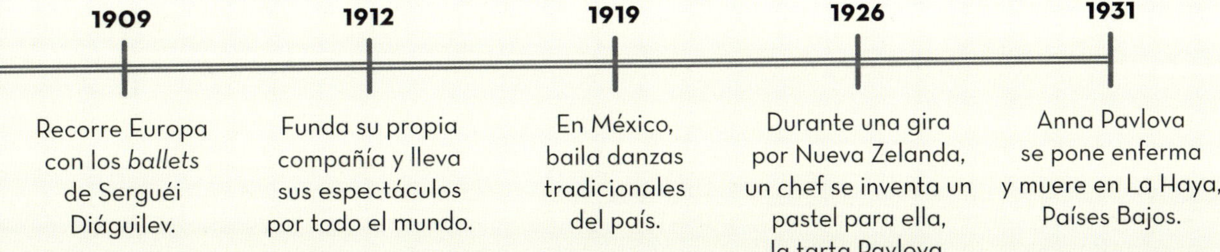

1909	1912	1919	1926	1931
Recorre Europa con los *ballets* de Serguéi Diáguilev.	Funda su propia compañía y lleva sus espectáculos por todo el mundo.	En México, baila danzas tradicionales del país.	Durante una gira por Nueva Zelanda, un chef se inventa un pastel para ella, la tarta Pavlova.	Anna Pavlova se pone enferma y muere en La Haya, Países Bajos.

VIRGINIA WOOLF

La escritora que quiso tener una habitación propia

NACIMIENTO
1882 South Kensington,
Londres (Reino Unido)

MUERTE
1941 Lewes,
Sussex (Reino Unido)

GRAN OBRA
*Una habitación
propia*

¡SUBE CONMIGO!

Virginia Woolf nació en South Kensington, un bonito barrio de Londres. Le encantaba trepar a los árboles, jugar y corretear, hasta el punto de que en su casa la llamaban «cabrita». Hacía todo lo contrario de lo que se esperaba de una niña en aquella época, en que debían ser obedientes, calmadas y aprender a coser y a llevar la casa. Virginia pasaba las horas entre el campo y la biblioteca de su padre, viajando con la imaginación y aprendiendo a través de la lectura.

ÁNIMO, VIRGINIA

Cuando Virginia tenía 22 años, su padre murió. Años atrás había fallecido su madre, y estas pérdidas le causaron una gran tristeza. Estuvo una larga temporada sin ganas de hacer nada. Sin embargo, tras una estancia en el campo, logró recuperarse, aunque esos episodios de tristeza la acompañarían durante el resto de su vida. ¿Adivinas qué la ayudaba a sentirse mejor? Pues sí, la escritura. La tinta y el papel lograban que Virginia activara su mente y recobrara las ganas de vivir.

BLOOMSBURY

De regreso a Londres, Virgina se fue a vivir junto con
sus hermanos al barrio de Bloomsbury. En aquella
época empezó a publicar artículos y notas, y
pudo conocer a gente del mundo del arte o
la filosofía que, con el tiempo, se acabarían
haciendo famosos y serían conocidos
como «El círculo de Bloomsbury». Entre
aquellas personas tan interesantes estaba
Leonard Woolf, un escritor del que
Virginia se enamoró y con quien
acabó casándose.

LO QUE REALMENTE NECESITAS

A lo largo de su vida, Virginia publicó
varios libros, entre los cuales
destaca *Una habitación propia*. En
él, habla sobre las dificultades que
tenían las mujeres de su época
para escribir, porque siempre se
había pensado que la literatura era
cosa de hombres. Virginia proponía
que las escritoras debían tener «una
habitación propia», un rincón privado
y personal donde el talento pudiera
expresarse.

1882	1895	1904	1911	1915
Virginia Woolf nace en Kensington, Reino Unido.	Cuando Virginia tiene 13 años, su madre muere.	Fallece su padre.	Conoce a Leonard Woolf, con quien contrae matrimonio.	Consigue publicar su primer libro: *Fin de viaje*.

MUJER LUCHADORA

Gracias al cariño de Leonard y al placer que le producía escribir, Virginia fue superando los episodios de tristeza que de vez en cuando la invadían. Tras su muerte, sus libros siguieron sumando lectores, traducciones y reconocimientos. En la actualidad, Virginia Woolf está considerada una de las grandes escritoras del siglo xx, y fue un ejemplo para muchas mujeres que, como ella, no quisieron renunciar a su sueño de convertirse en escritoras solo porque no eran hombres.

> **«No hay barrera, cerradura ni cerrojo que puedas imponer a la libertad de mi mente.»**
>
> Virginia Woolf

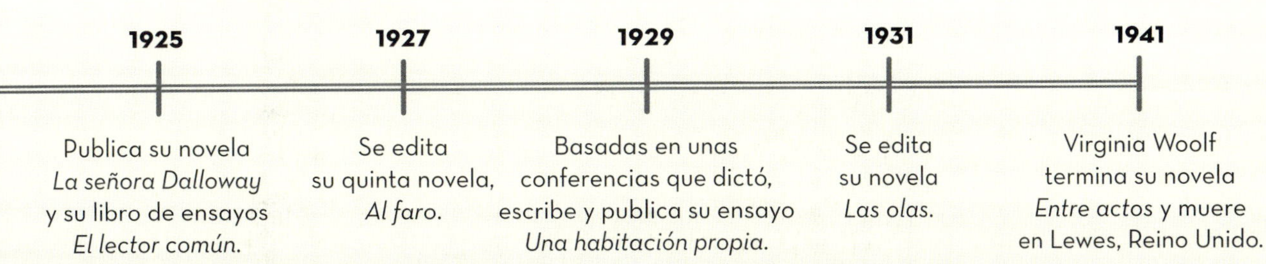

1925	1927	1929	1931	1941
Publica su novela *La señora Dalloway* y su libro de ensayos *El lector común*.	Se edita su quinta novela, *Al faro*.	Basadas en unas conferencias que dictó, escribe y publica su ensayo *Una habitación propia*.	Se edita su novela *Las olas*.	Virginia Woolf termina su novela *Entre actos* y muere en Lewes, Reino Unido.

COCO CHANEL

La diseñadora que revolucionó el mundo de la moda

UNA INFANCIA EN BLANCO Y NEGRO

Cuando Coco Chanel tenía 12 años, su madre murió,
y su padre la dejó a ella y a sus hermanas en un
orfanato, a cargo de un grupo de monjas. Allí, las
niñas aprendieron a coser, aunque solo disponían
de telas de dos colores: blanco y negro, porque
confeccionaban las piezas con los retales
sobrantes de los hábitos de las religiosas. Coco
se dio cuenta enseguida de que aquello de
coser le gustaba mucho.

SOMBREROS ELEGANTES

Cuando cumplió los 19 años, Coco se fue a vivir a París. Al cabo de un
tiempo logró reunir unos ahorros y abrió su propio taller en un pequeño
apartamento, donde empezó a diseñar sombreros. En aquella época, las
señoras lucían sombreros muy pomposos y pesados, pero nuestra amiga
decidió romper las reglas y crear piezas sencillas, de paja o de lana, con un
simple lazo de adorno. Su idea era muy arriesgada, pero resultó acertada:
poco a poco fueron llegando clientas deseosas de lucir aquellos modelos
mucho más cómodos y que estaban causando sensación.

PONTE CÓMODA

Animada por el éxito de sus sombreros, Coco Chanel se
atrevió a diseñar vestidos, chaquetas, camisas, faldas...
Deseaba crear ropa elegante para mujeres, pero
mucho más cómoda que la que se llevaba en la
época. Se arriesgó con prendas que hasta entonces
eran impensables, como los pantalones, y también
acortó las faldas hasta por debajo de las rodillas y
eliminó los corsés, una prenda muy incómoda que las
mujeres se ponían debajo de la ropa. Además, puso de
moda los jerséis de rayas, al estilo de los que lucían los
marineros.

¿TE HAGO UN VESTIDO?

Aunque había personas que no estaban de acuerdo con ella, el mundo
de la moda consideró que Coco Chanel había iniciado una revolución.
Las principales revistas querían entrevistarla y mostrar sus
modelos, e incluso llegó a diseñar
el vestuario de una película de
Hollywood. Abrió tiendas en otras
ciudades, y convirtió su estudio en
París en un gran salón de moda, al
que llamó «La Maison». En aquella
época ideó otra prenda que se
convertiría en uno de sus iconos: la
petite robe noire, o vestidito negro.

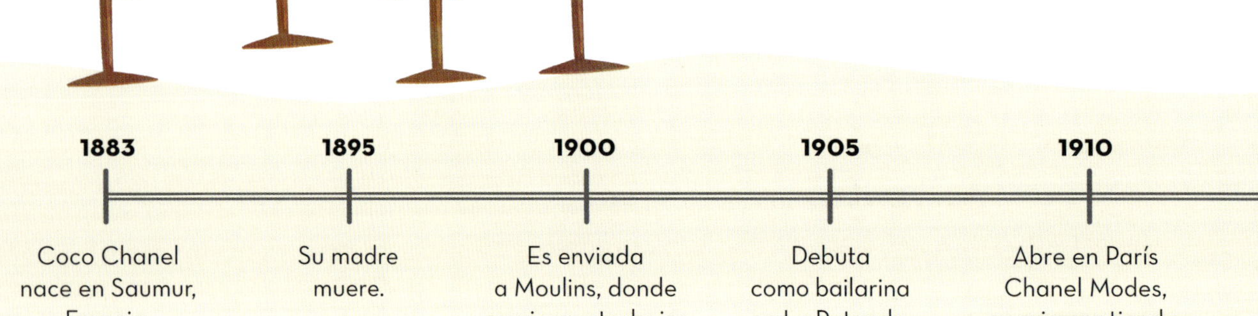

REVOLUCIÓN CHANEL

En 1939 estalló la Segunda Guerra Mundial. Fueron tiempos difíciles, y Coco Chanel tuvo que cerrar su querida Maison durante mucho tiempo. Cuando París empezó a recuperarse, nuestra amiga volvió a abrir las puertas de su taller. Había cumplido 71 años y pensaba que su estilo ya no gustaría a nadie. Sin embargo, cuando presentó su nueva colección, resultó un éxito mundial, hasta el punto de que, en Estados Unidos, se habló de la «revolución Chanel». Su concepto de la moda, elegante, cómoda e innovadora, sigue siendo un referente en la actualidad.

«La moda no es algo que solo exista en los vestidos. La moda está en el cielo, en las calles. La moda tiene que ver con las ideas, con la forma en que vivimos, con lo que está sucediendo.»

Coco Chanel

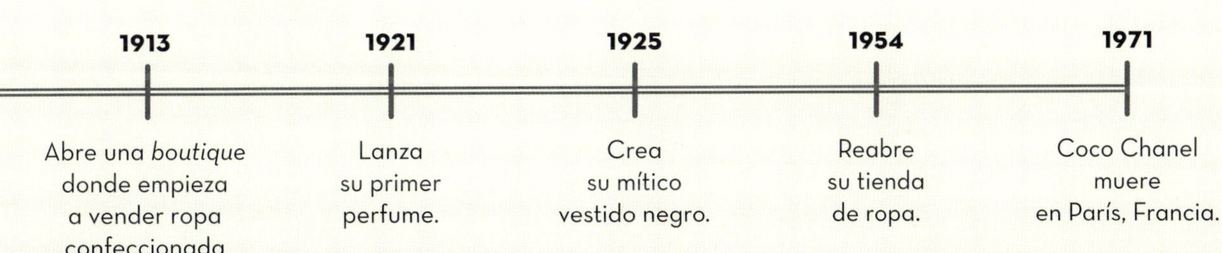

GEORGIA O'KEEFFE

La pintora que adoraba las flores

NACIMIENTO
1887
Sun Prairie (Estados Unidos)

MUERTE
1986
Santa Fe (Estados Unidos)

GRAN OBRA
Pintura
modernista

FLORES DE COLORES

Georgia O'Keeffe nació en un bonito pueblo al norte de
Estados Unidos. Vivía en una granja, rodeada de campos
de maíz y verdes prados. Desde muy pequeña
se sintió muy atraída por los colores de la
naturaleza, y enseguida descubrió que le
apasionaba pintarlos. Cuando cumplió 18
años se inscribió en una academia de arte, pero
los profesores no estaban de acuerdo con su
forma de pintar. Georgia no estaba dispuesta
a cambiar su estilo, así que decidió abandonar
la escuela y aprender por su cuenta.

NUEVA YORK ME ESPERA

Georgia pintaba sin descanso y con pasión. Un día enseñó sus obras a una
amiga, y esta se quedó tan impresionada con su talento que se ofreció a
mostrar sus trabajos a Alfred Stieglitz, un importante fotógrafo y dueño de
una de las galerías de arte más importantes de Nueva York. ¿Imaginas lo
que sucedió? Los dibujos le encantaron y empezó a exponerlos en la galería.
Alfred se enamoró primero de sus pinturas y después de su autora. Así que,
al cabo de un tiempo, ambos empezaron una vida juntos en la gran ciudad.

MUY BIEN ACOMPAÑADA

Lo que más le gustaba dibujar a Georgia eran
las flores. Lo hacía de un modo particular,
como si las observara a través de una lupa,
ampliando al máximo los pétalos y el botón
central, y luego transformando las líneas en
formas abstractas. Poco a poco, fue haciéndose
famosa en Estados Unidos y, más adelante,
comenzó a pintar también paisajes urbanos. Lo
hacía en compañía de Alfred, que se convirtió en su
compañero inseparable. Mientras ella dibujaba, él
tomaba fotografías y juntos aprendían el uno del otro.

EN EL DESIERTO

Siempre que podía, Georgia regresaba a lugares en plena naturaleza. Uno
de los que la cautivó con mayor fuerza fue el desierto de Nuevo
México, una región al sur de Estados Unidos. Allí, además de
encontrar la paz para trabajar, descubrió un paisaje que
le fascinó y que tuvo una gran influencia en su obra:
sus pinturas se inundaron de luz, cielos despejados,
rocas y montañas. Acudía todos los años, y sus
estancias eran cada vez más prolongadas, hasta
que finalmente estableció allí su hogar.

1887	1905	1916	1917	1918
Georgia O'Keeffe nació en Sun Prairie, Wisconsin, en Estados Unidos.	Empieza a estudiar arte.	Conoce a Alfred Stieglitz.	Visita Nuevo México por primera vez.	Se muda a Nueva York.

EL ÚLTIMO LIENZO

Georgia O'Keeffe se convirtió en una de las artistas más importantes de Estados Unidos y su fama traspasó fronteras. Se formaban largas colas para visitar sus exposiciones en Europa y Oriente, porque todo el mundo quería contemplar sus pinturas, rebosantes de vida y color. Siguió pintando, incluso estando ya muy enferma, hasta el día de su muerte. Las dos casas en las que vivió, en Nueva York y Nuevo México, son ahora museos, y sus lienzos están considerados obras maestras del modernismo estadounidense.

«Si uno mira detenidamente una flor, puede ver el mundo entero delante de sí.»

Georgia O'Keeffe

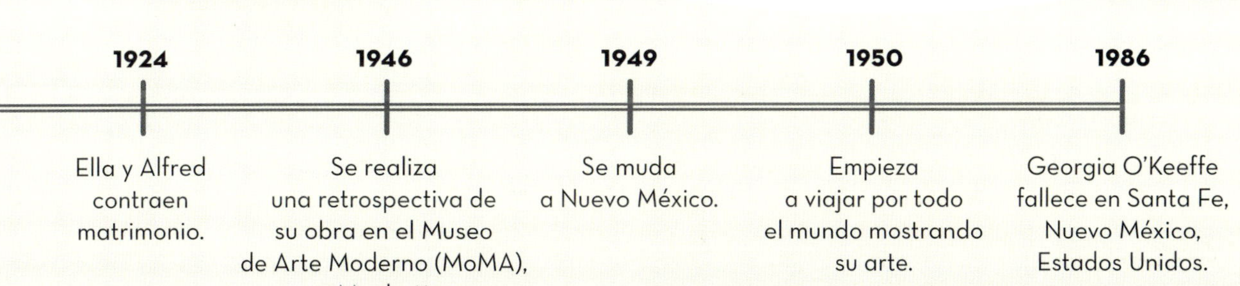

1924	1946	1949	1950	1986
Ella y Alfred contraen matrimonio.	Se realiza una retrospectiva de su obra en el Museo de Arte Moderno (MoMA), en Manhattan.	Se muda a Nuevo México.	Empieza a viajar por todo el mundo mostrando su arte.	Georgia O'Keeffe fallece en Santa Fe, Nuevo México, Estados Unidos.

AGATHA CHRISTIE

La reina del crimen

DAME UNA PISTA

¿Te gustan los misterios? A Agatha Christie, una niña que vivía en una bonita mansión al sur de Inglaterra, le apasionaban. No fue a la escuela, pero su madre se encargó de enseñarle matemáticas, geografía y lengua. Aunque disfrutaba aprendiendo, lo que más le gustaba era inventar y resolver enigmas junto con sus dos amigas imaginarias, Isabella y Annie, y su perro, George Washington. Sus otros grandes aliados eran los libros, y las aventuras de Sherlock Holmes, el detective creado por Arthur Conan Doyle, eran sus preferidas.

NACE UNA ESCRITORA

Junto con las novelas, también le encantaba la música, y soñaba con convertirse en una pianista famosa. Incluso viajó a París para mejorar su técnica. Sin embargo, Agatha enseguida se dio cuenta de que actuar de cara al público no estaba hecho para ella. Así que decidió cambiar las teclas del piano por las de la máquina de escribir, y convertirse en escritora. ¿Adivinas qué temática eligió? ¡El misterio, claro!

LA MAGIA DE LAS FARMACIAS

Escribió relatos y alguna novela, pero cuando en 1914 estalló la Primera Guerra Mundial, Agatha lo dejó todo para servir como enfermera. Más tarde, trabajó en la farmacia de un hospital, donde descubrió algunas sustancias que luego aparecerían en sus historias, como, por ejemplo, los venenos que utilizarían los asesinos. Ahora solo le faltaba el detective. Agatha se inspiró en un hombre belga que vio por la calle para crear la figura de Hércules Poirot, el investigador que resolvería los casos de asesinato en sus novelas.

POIROT LO RESUELVE TODO

El primer libro protagonizado por Poirot fue *El misterioso caso de Styles*, en el que una millonaria moría envenenada. Gracias a su inteligencia y dotes de observación, al final de la novela el detective belga lograba dar con el culpable. Poirot llegó a protagonizar más de treinta títulos, y sus investigaciones convirtieron a Agatha en «La reina del crimen», como se la conocía en el mundo entero. Más adelante, la escritora creó otro personaje con un gran talento detectivesco que también se haría famoso, la adorable ancianita miss Marple.

1890	1905	1914	1920	1922
Agatha Christie nace en Torquay, Reino Unido.	Estudia música en París.	Empieza a trabajar como enfermera durante la Primera Guerra Mundial.	Se publica *El misterioso caso de Styles*, su primera novela de detectives.	Da la vuelta al mundo acompañada por su primer marido.

¡ÉXITO ABSOLUTO!

Además de ser una gran novelista, Agatha Christie fue una incansable viajera. A los 32 años ya había dado la vuelta al mundo. Y visitó con frecuencia Egipto y algunos países de Oriente Medio, donde se apasionó por la arqueología. También viajó en el Orient Express, un tren que iba de París a Estambul. Todas estas experiencias quedaron reflejadas en novelas como *Muerte en el Nilo* o *Asesinato en el Orient Express*. Sin embargo, el título que tuvo más éxito fue *Y no quedó ninguno*. ¡Es uno de los libros más vendidos de la historia!

«La mejor receta para la novela policiaca: el detective no debe saber nunca más que el lector.»

Agatha Christie

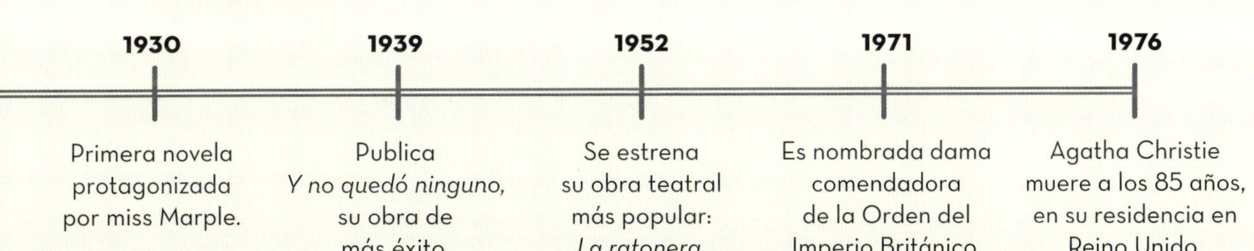

1930	1939	1952	1971	1976
Primera novela protagonizada por miss Marple.	Publica *Y no quedó ninguno*, su obra de más éxito.	Se estrena su obra teatral más popular: *La ratonera*.	Es nombrada dama comendadora de la Orden del Imperio Británico.	Agatha Christie muere a los 85 años, en su residencia en Reino Unido.

FRIDA KAHLO

La artista que pintaba con el alma

UN PRINCIPIO DIFÍCIL

Frida Kahlo nació en un bonito barrio de Ciudad de México. Su hogar era conocido como la Casa Azul, por el color de su fachada. Allí vivía con su madre y su padre, que era fotógrafo y también un gran aficionado a la pintura. Cuando tenía 6 años, la pequeña Frida contrajo la polio, una enfermedad que debilita los músculos, y, aunque logró recuperarse, le quedó una pequeña malformación en una pierna.

UNA LUCHADORA

Unos años más tarde, Frida sufrió un terrible accidente mientras viajaba en autobús. Se rompió una gran cantidad de huesos y su columna vertebral quedó muy dañada. Logró sobrevivir, pero la recuperación fue larga y la pobre Frida tuvo que pasar mucho tiempo en la cama. A partir de ese momento padeció fuertes dolores que la acompañarían durante el resto de su vida. Sin embargo, nuestra amiga decidió no darse por vencida.

¡BRAVO, FRIDA!

Durante su recuperación, Frida empezó
a pintar. Como solamente podía mover
los brazos, su padre instaló junto a
su cama un caballete y un espejo.
Comenzó haciendo autorretratos,
pinturas de sí misma en las que
reflejaba su dolor, pero también
pintaba las cosas que le gustaban,
sus animales favoritos o las
personas a las que amaba. Entre
telas y pinceles, encontró un modo
de ser feliz pese al dolor. ¡Bravo, Frida!

EL AMOR AL ARTE

Un buen día conoció a Diego Rivera, el pintor más
famoso de México. Con su ayuda, empezó a mostrar sus
cuadros en exposiciones. Poco a poco, se convirtió en una
pintora de fama mundial: sus trabajos se expusieron en
ciudades como Nueva York o París. Frida encontró
en Diego Rivera a un compañero que la entendía.
Pero no solamente eso... El famoso pintor mexicano
y ella se enamoraron y se casaron en el año 1929.

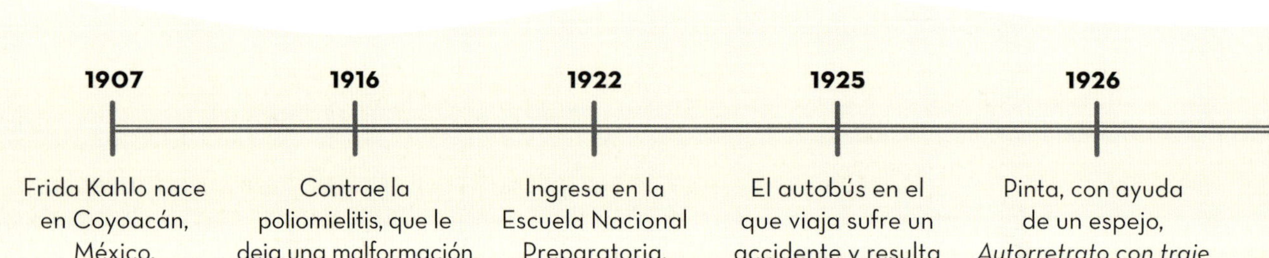

QUEREMOS A FRIDA

Las pinturas de Frida reflejan su forma de entender el mundo, su manera de soportar el dolor, la belleza de la naturaleza y los colores y las tradiciones de su amado país: México. Frida murió en su querida Casa Azul, que actualmente alberga el Museo Frida Kahlo. Allí se pueden contemplar sus obras y también muchos de sus objetos más preciados. Cada año lo visitan miles de personas, porque la obra de Frida Kahlo es conocida en todo el mundo.

«Pies, para qué os quiero,
si tengo alas para volar.»

Frida Kahlo

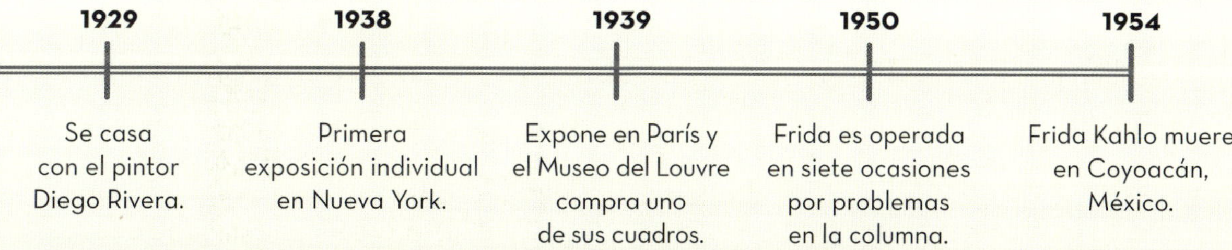

1929	1938	1939	1950	1954
Se casa con el pintor Diego Rivera.	Primera exposición individual en Nueva York.	Expone en París y el Museo del Louvre compra uno de sus cuadros.	Frida es operada en siete ocasiones por problemas en la columna.	Frida Kahlo muere en Coyoacán, México.

ASTRID LINDGREN

La creadora de *Pippi Calzaslargas*

NACIMIENTO
1907
Vimmerby (Suecia)

MUERTE
2002
Estocolmo (Suecia)

GRAN OBRA
Pippi Calzaslargas

VIVIR EN UNA GRANJA

Astrid Lindgren nació en una granja situada en la pequeña
población de Vimmerby, en el sur de Suecia. Tenía tres
hermanos, y aunque pasaban la mayor parte del día
ayudando a sus padres en las duras tareas de la granja,
también se divertían muchísimo haciendo
mil travesuras. Cuando comenzó a ir al
colegio, Astrid se dio cuenta de que le
encantaba leer y escribir. Y, por lo visto,
no lo hacía nada mal, porque con solo
13 años publicaron una redacción suya
en el periódico del pueblo.

NACE PIPPI CALZASLARGAS

Unos años más tarde, se trasladó a vivir a Estocolmo, la capital de Suecia. Allí
estuvo un tiempo trabajando como secretaria, y conoció a Sture Lindgren,
un hombre encantador con el cual se acabaría casando y formando una
bonita familia. Tuvieron dos hijos, Lars
y Karin, a los que les encantaba que
les explicaran historias. Un día, la
pequeña Karin cayó enferma y, para no
aburrirse mientras pasaba las horas
en cama, le pidió a su madre que le
contara una historia sobre una niña
llamada... Pippi Calzaslargas.

¿TE GUSTAN MIS TRENZAS?

Así nació el personaje infantil más querido de Suecia. Astrid imaginó que Pippi era una niña que vivía sin sus padres en una casa llamada Villa Mangaporhombro, con la única compañía de un caballo con pecas y un mono. Vestía unos calcetines de rayas y su cabello pelirrojo estaba recogido en unas trenzas muy tiesas. Tenía una fuerza descomunal y le encantaba hacer travesuras y divertirse con sus amigos. ¿Te suena la historia? Claro, porque Astrid se inspiró en su feliz infancia en la granja para crearla.

¡QUIERO LEERLO!

Astrid presentó una copia de la historia de Pippi a una editorial muy importante de Suecia, pero la rechazaron diciendo que el personaje era demasiado travieso y un mal ejemplo para los pequeños lectores. Sin dejarse vencer por el desánimo, nuestra amiga Astrid se puso a escribir otras historias, y al cabo de un tiempo ganó un concurso con una novela titulada *Cartas de Brita Mari*. La editorial que lo convocaba publicó la obra, y más tarde se atrevió también con *Pippi Calzaslargas*.

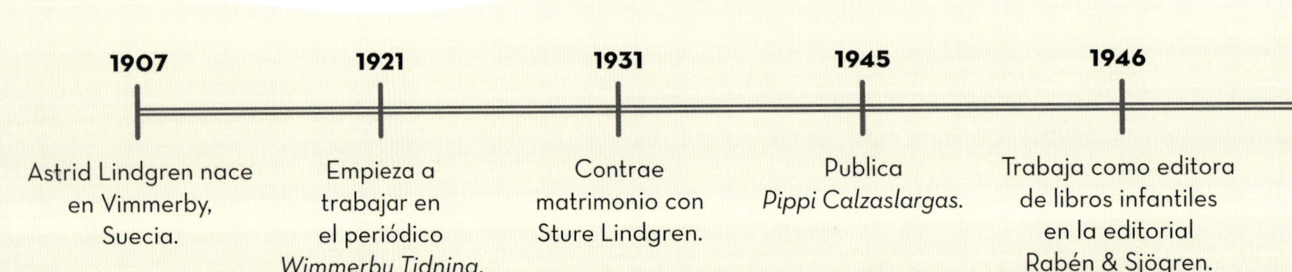

1907	1921	1931	1945	1946
Astrid Lindgren nace en Vimmerby, Suecia.	Empieza a trabajar en el periódico *Wimmerby Tidning*.	Contrae matrimonio con Sture Lindgren.	Publica *Pippi Calzaslargas*.	Trabaja como editora de libros infantiles en la editorial Rabén & Sjögren.

¡VIVA, ASTRID!

Las aventuras de Pippi gustaron muchísimo, y en muy poco tiempo la pequeña pelirroja y su creadora se hicieron muy famosas en todo el país. Astrid Lindgren siguió escribiendo aventuras protagonizadas por niños y niñas independientes, divertidos y valientes. También escribió más aventuras de Pippi Calzaslargas, que se tradujeron a gran cantidad de lenguas, e incluso se hicieron películas y una serie de televisión protagonizada por la niña de las trenzas pelirrojas.

«Si he sido capaz de iluminar una sola infancia triste, estoy satisfecha.»

Astrid Lindgren

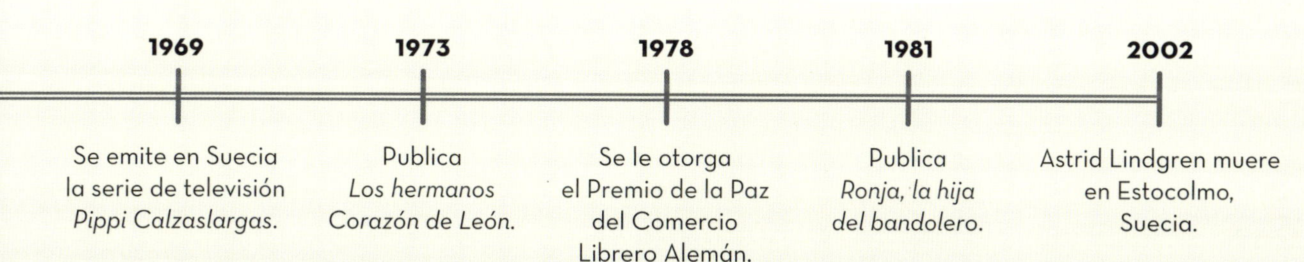

1969	1973	1978	1981	2002
Se emite en Suecia la serie de televisión *Pippi Calzaslargas*.	Publica *Los hermanos Corazón de León*.	Se le otorga el Premio de la Paz del Comercio Librero Alemán.	Publica *Ronja, la hija del bandolero*.	Astrid Lindgren muere en Estocolmo, Suecia.

SIMONE DE BEAUVOIR

La gran pensadora del feminismo

PARÍS, PARÍS

Simone de Beauvoir era hija de un abogado francés. Su familia vivía en un bonito piso con una buena biblioteca en una de las grandes avenidas de París. Junto con su hermana Hélène, Simone pasaba horas entre libros y ya de pequeña soñaba con convertirse en una escritora famosa. Sus amigas le decían que aquello era una tontería, que las chicas solo debían pensar en casarse, a lo que ella respondía: «La tontería sería no intentarlo».

¡QUIERO RESPUESTAS!

En aquella época, las mujeres solo podían escoger algunas profesiones, ser enfermeras o maestras, pero Simone quería ser escritora. Aquella realidad hizo que empezara a plantearse muchas preguntas sobre las diferencias entre hombres y mujeres. ¿Por qué ellos pueden y nosotras no? ¿Qué les hace diferentes?

AMOR ENTRE LIBROS

En la universidad, Simone conoció a mucha gente interesante, leyó un montón, se formuló miles de preguntas más y halló algunas respuestas. Además, conoció a Jean-Paul Sartre, un joven escritor con las mismas inquietudes que ella. Se hicieron inseparables y acabaron enamorándose. Al terminar sus estudios, Simone empezó a impartir clases de filosofía y publicó sus primeras novelas. Sus libros gustaron tanto que se hizo famosa en París. Su sueño se estaba cumpliendo.

EL SEGUNDO SEXO

Como buenos filósofos que eran, Simone y Sartre se interesaban por todo lo que ocurría a su alrededor, y se comprometieron con la defensa de la justicia, la paz y los derechos de las personas. Pero ella seguía especialmente preocupada por la discriminación que sufrían las mujeres, así que se sumó al movimiento feminista, que reclamaba los mismos derechos y oportunidades para las mujeres y los hombres. Todas esas ideas quedaron plasmadas en su libro *El segundo sexo*, la obra por la que fue conocida en el mundo entero.

1908	1928	1929	1949	1954
Simone de Beauvoir nace en París, Francia.	Conoce a Jean-Paul Sartre.	Concluye de forma brillante sus estudios universitarios.	Publica *El segundo sexo*.	Su novela *Los mandarines* gana el Premio Goncourt.

¡POR LA IGUALDAD!

Simone viajó por muchos países para exponer sus ideas sobre el feminismo, la filosofía y la política, y fue recibida por algunos de los dirigentes más importantes de su época. De esta manera, acabó convirtiéndose en un referente en la lucha por los derechos de las mujeres. Gracias a su valentía y a su afán por lograr la igualdad, Simone de Beauvoir abrió un camino que todavía hoy siguen muchas otras mujeres en todo el mundo.

«Cambia tu vida hoy, no apuestes por el futuro. Actúa ahora, sin demora.»

Simone de Beauvoir

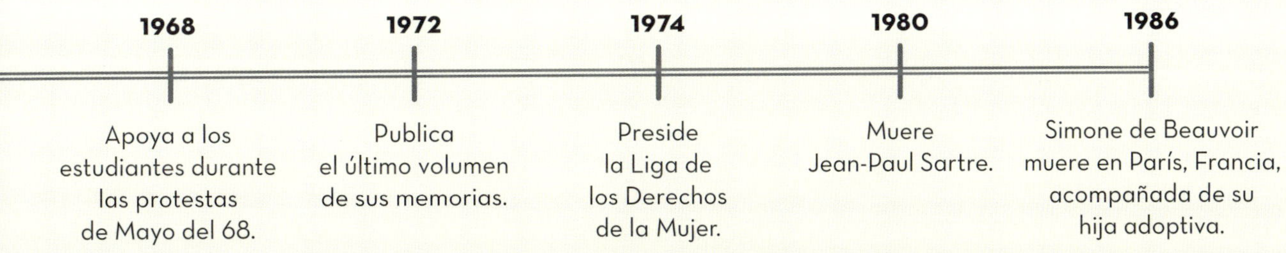

HEDY LAMARR

La actriz más ingeniosa de la historia

¿CÓMO FUNCIONA ESTO?

Hedy Lamarr nació en Viena, la capital de Austria. Su padre era banquero y su madre pianista, y ambos amaban el teatro. Cuando salían, solían llevarse con ellos a su hija, así que Hedy creció sintiendo también esa pasión por el mundo del espectáculo. Y no era lo único que le encantaba a nuestra protagonista: tenía también mucha curiosidad por conocer el funcionamiento de todo tipo de máquinas y mecanismos. Así que, cuando alguien le preguntaba qué quería ser de mayor, ella respondía: «Actriz e inventora».

PEDALEA, PEDALEA

Con 15 años empezó a trabajar en el cine, y al cumplir los 18 actuó en un filme con el que logró cierto reconocimiento. No obstante, poco después, sus padres la obligaron a casarse con un empresario de la industria militar llamado Fritz Mandl. Ella ni siquiera estaba enamorada, y lo peor fue que su esposo le prohibió dedicarse a sus dos pasiones: actuar y diseñar nuevas máquinas e inventos. ¿Te imaginas vivir así? Hedy no estaba dispuesta a aceptarlo, así que un buen día cogió una bicicleta y se escapó de casa. Quería huir lo más lejos posible... y eligió Londres.

¡A VOLAR!

En Londres conoció a un famoso productor de películas, Louis B. Mayer, que enseguida vio en ella a una actriz de talento. Sin dudarlo, se la llevó a Hollywood, la capital del cine, en Estados Unidos. Allí, Hedy trabajó en muchos filmes y se convirtió en una estrella. Y además, dedicaba todo su tiempo libre a inventar cosas. Incluso ayudó a un director de cine muy importante, llamado Howard Hughes, a diseñar un avión para una de sus películas. Por fin había logrado convertirse en lo que siempre había soñado ser. ¿Lo recuerdas? Actriz e inventora.

¡SHHH! ES SECRETO

En 1939, estalló la Segunda Guerra Mundial, un conflicto en el que se enfrentaban países de todo el mundo. Hedy deseaba ayudar al bando de los Aliados, y para ello necesitaba un modo de lograr que los enemigos no interceptaran sus comunicaciones. Estuvo trabajando en esa idea hasta que, un día, conoció a un músico llamado George Antheil. Juntos, inspirándose en el funcionamiento de una pianola, diseñaron un sistema secreto de comunicaciones.

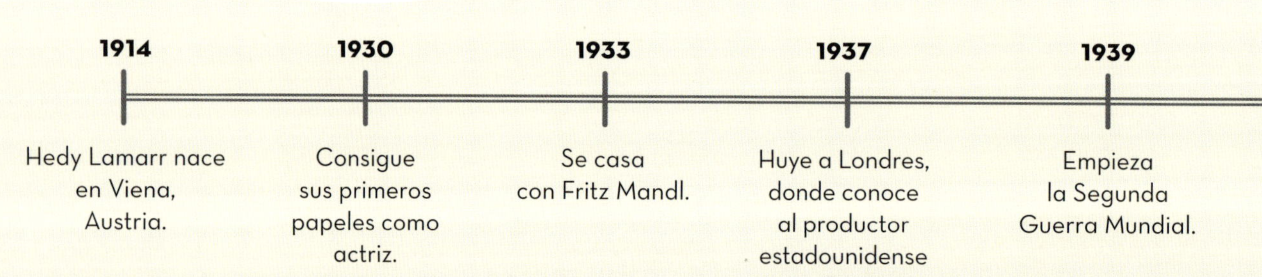

1914	1930	1933	1937	1939
Hedy Lamarr nace en Viena, Austria.	Consigue sus primeros papeles como actriz.	Se casa con Fritz Mandl.	Huye a Londres, donde conoce al productor estadounidense Louis B. Mayer.	Empieza la Segunda Guerra Mundial.

¿TIENES WIFI?

Al principio, nadie hizo mucho caso a Hedy, porque todo el mundo consideraba que solamente era una buena actriz. Pero con el tiempo se confirmó que su invento tenía muchas aplicaciones, y en el año 1997 le concedieron el Pioneer Award, un premio que reconoce a las personas que han mejorado nuestras vidas gracias a la informática. Con el sistema que Hedy Lamarr creó, se desarrollaron las redes wifi, con las que te conectas a internet y a los teléfonos móviles. En su honor, cada 9 de noviembre, la fecha de su cumpleaños, se celebra el Día del Inventor.

«La confianza es algo con lo que se nace. Yo confiaba mucho en mí misma, incluso a la edad de 15 años.»

Hedy Lamarr

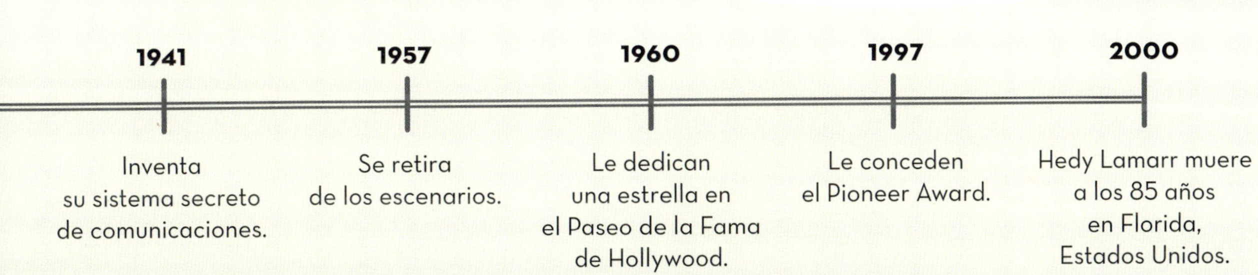

ELLA FITZGERALD

La reina de la música *jazz*

NACIMIENTO
1917
Virginia (Estados Unidos)

MUERTE
1996
California (Estados Unidos)

GRAN OBRA
Canciones de *jazz*

¡ÁNIMO, ELLA!

Ella Fitzgerald tuvo una infancia muy difícil. Vivía con
su madre y su hermanita Frances, y a duras penas
tenían suficiente dinero para comer. Por eso, desde
muy pequeña se vio obligada a trabajar. Para complicar
todavía más las cosas, cuando Ella tenía 14 años su madre
murió en un accidente de coche. Muy afectada, huyó a
Nueva York, y allí estuvo vagando de orfanato
en orfanato, y también por las calles más peligrosas
de la ciudad. Parecía que todo estaba perdido,
pero Ella poseía un gran tesoro que todavía
estaba por descubrir: su voz.

NACE UNA ESTRELLA

Desde muy pequeña, Ella había notado que cuando cantaba se sentía
muy feliz. Aunque no lo sabía, poseía un gran talento. Un día, se presentó
a un concurso de cantantes con la fortuna de que el músico Chick Webb
quedó cautivado por su voz y la contrató para
ser la cantante de su banda. Con nuestra
protagonista al frente del grupo, este
saltó a la fama y pasó a denominarse Ella
Fitzgerald and Her Famous Band («Ella
Fitzgerald y su famosa banda»).

JAZZ, JAZZ, JAZZ

Ella también hizo duetos con grandes músicos como Frank Sinatra o el
trompetista Louis Armstrong. Cada vez que se subía a un escenario,
el público se emocionaba por su gran talento, su capacidad de
improvisación y la pasión
con la que cantaba. Su voz
parecía acariciar el alma
de aquel que la escuchara,
especialmente cuando
interpretaba su música
preferida, el *jazz*. Por eso, la
acabaron conociendo como
«La reina del *jazz*».

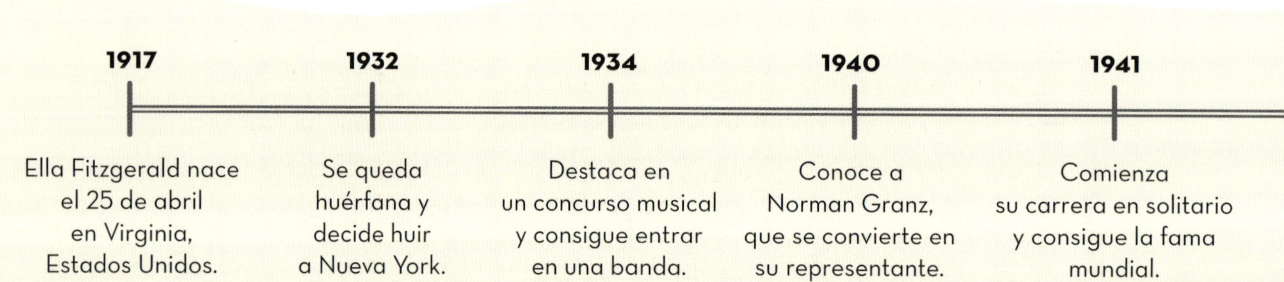

LUCHA POR LA IGUALDAD

En aquella época, las personas
negras sufrían discriminación.
Aunque ahora cueste creerlo,
había gente que las consideraba
inferiores. Ella también fue
víctima de esa injusticia e incluso
le prohibieron entrar en algunos
restaurantes o cantar en determinados escenarios
solo porque su piel no era blanca. Para combatir esa actitud, incluyó en
sus canciones letras que reclamaban la igualdad. También apoyó la lucha
del activista Martin Luther King contra el racismo, y cuando este murió
asesinado, le dedicó una canción.

1917	1932	1934	1940	1941
Ella Fitzgerald nace el 25 de abril en Virginia, Estados Unidos.	Se queda huérfana y decide huir a Nueva York.	Destaca en un concurso musical y consigue entrar en una banda.	Conoce a Norman Granz, que se convierte en su representante.	Comienza su carrera en solitario y consigue la fama mundial.

CANTA CONMIGO

Durante los sesenta años que duró su carrera, Ella Fitzgerald grabó numerosos discos, tanto en solitario como con los músicos más famosos de la época. Actuó en escenarios de todo el mundo y recibió catorce premios Grammy, los más importantes del mundo de la música. Sus discos se vendieron a lo largo y ancho del planeta y, todavía hoy, su voz consigue emocionar a las personas que la escuchan.

«No dejes de intentar hacer lo que realmente quieres hacer. Donde hay amor e inspiración, creo que nada puede salir mal.»

Ella Fitzgerald

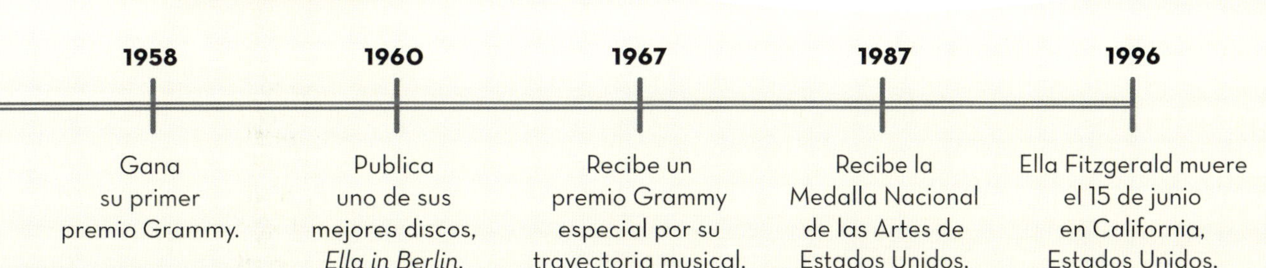

1958	1960	1967	1987	1996
Gana su primer premio Grammy.	Publica uno de sus mejores discos, *Ella in Berlin*.	Recibe un premio Grammy especial por su trayectoria musical.	Recibe la Medalla Nacional de las Artes de Estados Unidos.	Ella Fitzgerald muere el 15 de junio en California, Estados Unidos.

MARIA CALLAS

La gran voz de la ópera del siglo XX

NACIMIENTO
1923
Nueva York (Estados Unidos)

MUERTE
1977
París (Francia)

GRAN OBRA
Óperas clásicas

¿QUÉ SUENA?

Maria Callas nació en Nueva York. Sus padres provenían de Grecia, y habían emigrado tiempo atrás a Estados Unidos. Su madre era una apasionada de la música y el teatro, por lo que en casa los discos sonaban uno detrás de otro mientras Maria y su hermana cantaban y bailaban sin cesar. Con el tiempo, nuestra amiga se dio cuenta de que cantar le apasionaba, y decidió que dedicaría su vida a ello.

VOZ DE ORO

Poco tiempo después, Maria, su madre y su hermana se mudaron a Grecia. Allí, nuestra protagonista empezó sus estudios en el conservatorio, y pronto logró sus primeros papeles para cantar como soprano. Su voz tenía algo especial, único, y el público enseguida se dio cuenta de ello. Además, se atrevía con el *bel canto*, un estilo italiano que era muy difícil. Por desgracia, con el estallido de la Segunda Guerra Mundial los grandes teatros cerraron, y Maria pasó a cantar en salas pequeñas.

LA DIVINA

Cuando la guerra terminó, los grandes teatros
retomaron su actividad y Maria interpretó algunos
de los papeles más importantes escritos para
soprano, como el de Turandot, una princesa china.
No obstante, su gran éxito le llegó tras interpretar el
papel de Elvira en la ópera «I Puritani». La cantante
protagonista había caído enferma y propusieron a
Maria que la sustituyera… con solo una semana de antelación. Maria
brilló en la interpretación de Elvira y empezó a ser aclamada en los
escenarios de todo el mundo como «La Divina».

¡ÉXITO MUNDIAL!

Maria era tan famosa como las estrellas de cine. Los
fotógrafos y los periodistas la seguían a todas partes.
El mundo había caído rendido a su talento, pero
también a su elegancia y sofisticación. No solamente
era una gran soprano, sino que llenaba el escenario
con su expresividad, transmitiendo las emociones de
sus personajes. Eran muchos los que afirmaban que «La
Callas» era la mejor soprano del mundo.

1923	1928	1937	1938	1939
Maria Calla nace en Nueva York, Estados Unidos.	La atropella un coche y pasa veintiún días en coma.	Vuelve a Grecia con su madre y su hermana.	Interpreta su primera ópera: *Cavalleria rusticana*.	Estalla la Segunda Guerra Mundial.

INOLVIDABLE

Aunque en su vida hubo épocas doradas, también las hubo grises, y durante un tiempo Maria decidió alejarse del mundo. Sin embargo, un buen amigo la convenció para regresar a los escenarios, y, a pesar de que no fue igual que antes, hizo una última gira para despedirse de su público. Maria Callas será recordada para siempre como la gran diva de la ópera, y son muchas las personas que todavía hoy se deleitan escuchando su voz en las decenas de grabaciones que realizó durante su larga y exitosa trayectoria.

> **«Nada de lo que he conseguido ha sido fácil, pero no me importa el sacrificio si con él puedo alcanzar el resultado deseado.»**
>
> Maria Callas

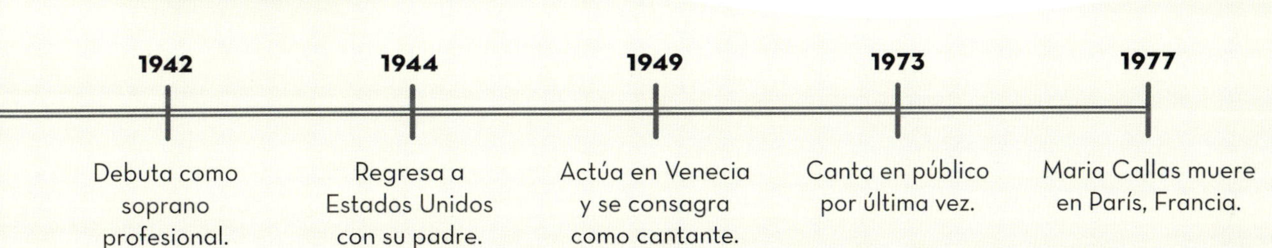

NADINE GORDIMER

La escritora que luchó contra el racismo en Sudáfrica

NACIMIENTO
1923
Springs (Sudáfrica)

MUERTE
2014
Johannesburgo (Sudáfrica)

GRAN OBRA
Lucha por
la igualdad

LOS LIBROS SON MI REFUGIO

Nadine Gordimer nació en
una población muy cerca de
Johannesburgo, la capital de Sudáfrica.
Siendo muy pequeña, le detectaron
un ligero problema en el corazón.
Aunque no era una enfermedad grave,
su madre se asustó y le prohibió realizar
actividades físicas, e incluso la obligó a
abandonar la escuela. ¿Qué iba a hacer
tantas horas encerrada en casa? Por suerte,
Nadine encontró un refugio en los libros y
la escritura, y con solo 15 años publicó sus
primeros cuentos.

NO A LAS INJUSTICIAS

Unos años más tarde, Nadine se matriculó en la universidad y conoció de
cerca el *apartheid*, el sistema según el cual las personas negras tenían
menos derechos que las blancas. Así, por ejemplo, no podían ir a los
mismos lugares ni hacer las mismas cosas. Y, si los negros protestaban, lo
más seguro es que acabaran en la cárcel. Al descubrirlo, Nadine decidió
que aquello era una gran injusticia y que dedicaría todos sus esfuerzos a
combatirla.

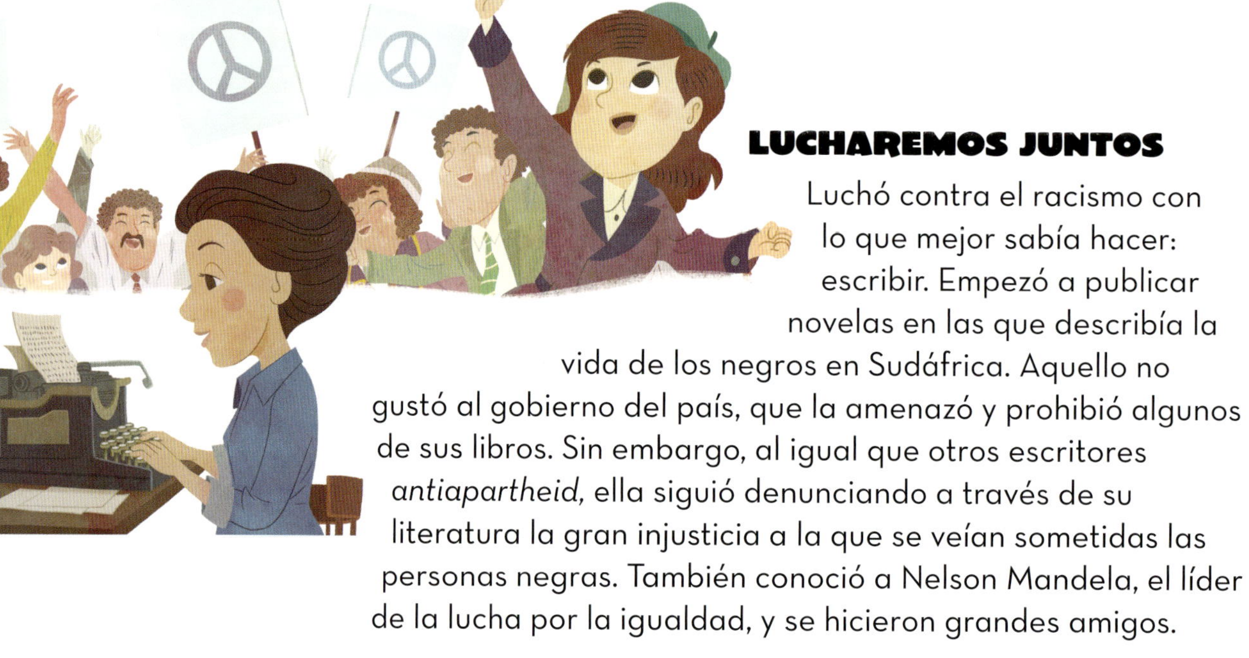

LUCHAREMOS JUNTOS

Luchó contra el racismo con lo que mejor sabía hacer: escribir. Empezó a publicar novelas en las que describía la vida de los negros en Sudáfrica. Aquello no gustó al gobierno del país, que la amenazó y prohibió algunos de sus libros. Sin embargo, al igual que otros escritores *antiapartheid*, ella siguió denunciando a través de su literatura la gran injusticia a la que se veían sometidas las personas negras. También conoció a Nelson Mandela, el líder de la lucha por la igualdad, y se hicieron grandes amigos.

NO ME RENDIRÉ

Al traducirse a muchas lenguas, los libros de Nadine se hicieron conocidos y empezaron a leerse en Europa y Estados Unidos. Periodistas de todo el mundo querían entrevistarla, y ella aprovechaba aquellos momentos para denunciar las leyes racistas de su país. Con cada nueva novela que publicaba su prestigio como escritora iba a más y sus obras fueron reconocidas con diversos premios. El más importante fue el Premio Nobel de Literatura, que recibió a los 67 años.

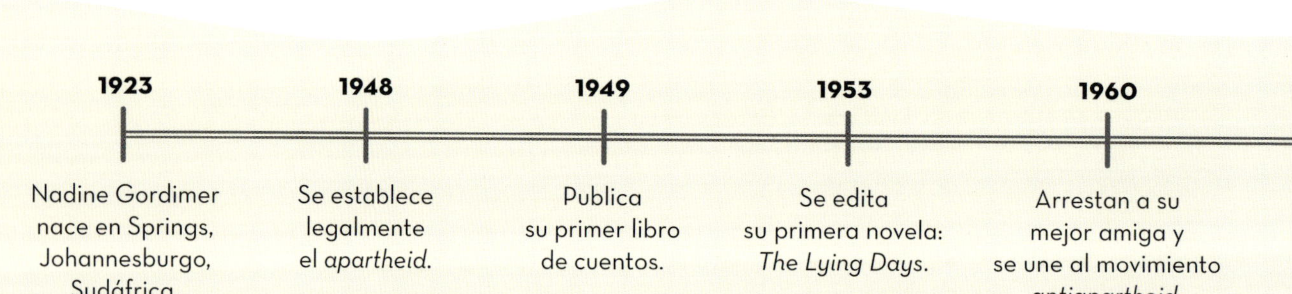

BRAVO, NADINE

A pesar de que era una escritora de fama mundial, el gobierno de Sudáfrica seguía empeñado en acallar su voz, e incluso llegó a amenazarla con expulsarla del país. Pero Nadine siguió escribiendo y colaborando con los activistas que defendían la igualdad. Finalmente, en 1994 el gobierno sudafricano abolió la segregación racial y los negros lograron tener los mismos derechos que los blancos. Nelson Mandela fue liberado y se convirtió en el presidente del país. Nadine Gordimer murió a los 90 años en su amada Sudáfrica, y está considerada una de las escritoras más influyentes de siglo xx.

«Los escritores somos excepcionalmente observadores, en eso somos un poco como los niños.»

Nadine Gordimer

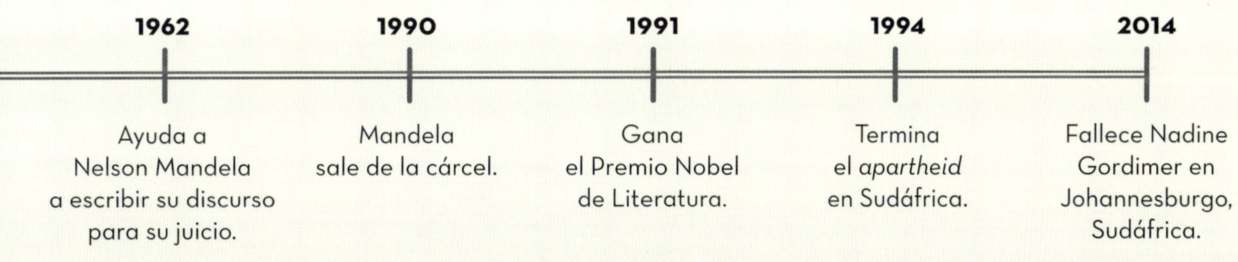

1962	1990	1991	1994	2014
Ayuda a Nelson Mandela a escribir su discurso para su juicio.	Mandela sale de la cárcel.	Gana el Premio Nobel de Literatura.	Termina el *apartheid* en Sudáfrica.	Fallece Nadine Gordimer en Johannesburgo, Sudáfrica.

J. K. ROWLING

La escritora que ha conquistado el mundo con la fantasía

NACIMIENTO
1965
South Gloucestershire
(Reino Unido)

GRAN OBRA
La saga de novelas
de Harry Potter

PASIÓN POR LAS HISTORIAS FANTÁSTICAS

Joanne K. Rowling («Jo» para los amigos) nació en un pueblecito inglés llamado South Gloucestershire. Era una niña soñadora, apasionada por las historias fantásticas. Y no solamente las leía, sino que también pasaba horas escribiéndolas. Luego, se las contaba a su hermana Dianne, que pronto se convirtió en su fan número uno. Tuvo una infancia feliz hasta que su madre cayó gravemente enferma. Entonces, todo cambió, porque su padre se volvió malhumorado y empezó a tratarlas mal. Por suerte, Jo tenía su mundo de fantasía para evadirse.

¡VIVA LA MAGIA!

¿Conoces la historia de *El Señor de los Anillos*? A Jo le entusiasmaba. El universo de elfos, magos y otros seres fantásticos creado por J. R. R. Tolkien fue una gran inspiración para ella. Incluso mientras atendía a las clases de la universidad, le costaba dejar de pensar en historias repletas de magia y fantasía. Un día, durante un viaje en tren, a J. K. Rowling se le ocurrió la idea de escribir la historia de un niño que asistía a una escuela de magia. Harry Potter estaba a punto de «nacer».

NACE HOGWARTS

Al poco de dar a luz a su hija Jessica, se trasladó
a vivir con ella a Edimburgo, la capital de Escocia.
Su vida en la nueva ciudad empezó con mal pie:
Jo casi no tenía dinero y pasó una temporada muy
complicada. Pero eso no la hizo desistir de su afán por
escribir. Aprovechaba los ratos en que su hija dormía
para avanzar en la historia de Harry, Ron, Hermione
y sus amigos.

HARRYPOTTERMANÍA

Cuando acabó *Harry Potter y la piedra filosofal*, buscó una editorial que
quisiera publicarlo. Pero todas lo rechazaban, porque no confiaban en una
novela de fantasía escrita por una mujer. Afortunadamente, J. K. Rowling
no se dio por vencida, y un día entregó la novela a un editor, que se la dio
a leer a su hija de 8 años. Esta quedó tan prendada de la historia que su
padre no pudo negarse a publicarla. Había nacido
la Harrypottermanía.

1965	1974	1982	1986	1990
Nace Joanne Rowling en Yate, Gloucestershire, en Reino Unido.	A los 9 años se muda junto con su familia a Church Cottage, Tutshill.	Empieza sus estudios en la Universidad de Exeter.	Se gradúa en Exeter y se traslada a Londres, donde reside una temporada.	Empieza a escribir Harry Potter. A finales de ese año, su madre muere.

MÁS QUE ESCRIBIR

La novela fue un éxito rotundo, logró premios literarios
y se tradujo a muchos idiomas. Nuestra protagonista
pudo salir de la pobreza y escribió seis libros más
de la saga, en los que explicó la vida completa de
Harry y sus amigos. La serie se convirtió en
la más vendida de la historia. J. K. Rowling
ha publicado otras novelas, y ahora es
una escritora famosa que se dedica a
colaborar con asociaciones que ayudan
a los más desfavorecidos.

«Es importante
recordar que todos
tenemos algo de magia
en nuestro interior.»

J. K. Rowling

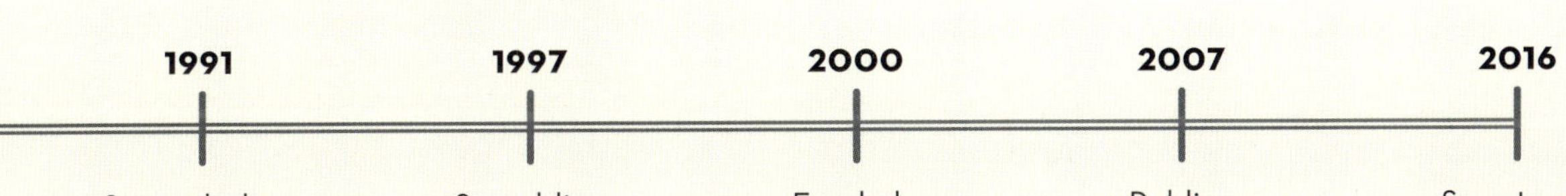

1991	1997	2000	2007	2016
Se traslada a Oporto, Portugal, donde trabaja como profesora de inglés.	Se publica *Harry Potter y la piedra filosofal*, el primero de los siete libros de la saga.	Funda la Volant Charitable Trust para ayudar a los más necesitados.	Publica el último libro de la saga, *Harry Potter y las reliquias de la muerte*.	Se estrena la obra de teatro *Harry Potter y el legado maldito* en Londres.

Libros para los pequeños exploradores.
Descubre todos nuestros libros en
shackletonbooks.com

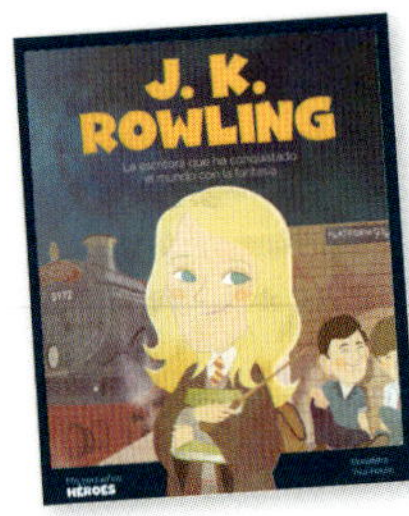

CREATIVAS. ARTISTAS, ESCRITORAS
Y ACTRICES QUE HAN HECHO HISTORIA

Primera edición en Shackleton Books, febrero de 2020
© Shackleton Books, SL.

Shackleton
— b o o k s —

(f)(y)(iG) @Shackletonbooks
shackletonbooks.com

© de las ilustraciones, Wuji House

© de los textos, Cristina Serret

Realización editorial:
Bonalletra Alcompas, S.L.

Coordinación editorial:
Carmela Vásquez

Diseño de cubierta:
Pau Taverna

Diseño y maquetación:
Elisenda Nogué (www.metagrafica.com)

ISBN: 978-84-18139-08-6

DL: B 878-2020

Impreso en España.